MONIQUE ET CLAUDE ARCHAMBEAU

LES COMBARELLES

Pierre Fanlac

L ong boyau bas, étroit, sinueux, la grotte des Combarelles, aujourd'hui bien amé-
nagée pour les visites, ne fut jamais une ''galerie d'art'' pas davantage un lieu
de séjour ou de rencontres pour les Magdaléniens qui vivaient en Périgord, ou les
habitants du porche même.

Sur ses parois et son plafond crevassé, découpé, fut constitué un message visuel
composé de centaines de représentations peintes et gravées, figuratives et abstraites.
Cet ensemble pariétal d'animaux, d'humains, de signes, pratiquement continu sur
des centaines de mètres est d'une complexité rarement égalée dans les quelques 200
grottes magdaléniennes de France et d'Espagne; il témoigne du haut degré symbolique atteint par le système d'images élaboré par ces peuples chasseurs des temps gla-
ciaires, de leurs capacités conceptuelles et bien sûr esthétiques.

L'abondance et la variété des thèmes figurés, la morphologie souterraine ren-
dant difficiles les observations, expliquent que cette grotte, plus que d'autres, ne se
soit pas livrée d'une seule fois à la connaissance des préhistoriens: et pourtant dès
sa découverte l'abbé Breuil l'étudia et en fit un relevé, encore magistral par certains
côtés.

Mais il restait beaucoup à découvrir, ce que firent les signataires de cet ouvrage
de présentation, fort agréablement conçu; leurs examens systématiques et minutieux
de tous les tracés apportèrent plus du double des figurations immédiatement repérées par H. Breuil et d'autres à sa suite; quelques unités graphiques mineures s'ajou-
teront encore peut-être au cortège des figures animales majestueuses, humaines
étranges, et des signes variés que le visiteur découvre çà et là dans la fugacité des
lumières; l'essentiel est maintenant connu grâce à ces travaux, récents et plus anciens:
la grotte des Combarelles est bien l'un des plus importants sanctuaires magdaléniens.

Denis Vialou
Docteur es-Lettres et Sciences Humaines
Sous-Directeur au Muséum National d'Histoire Naturelle

PLAN DE SITUATION

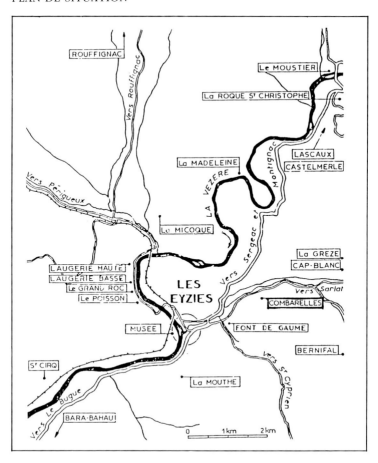

Les Combarelles au début du siècle

La situation   La grotte des Combarelles se situe au fond d'un petit vallon dans la vallée de la Beune à 1,5 km du village des Eyzies dans la direction de Sarlat.

Le porche de la grotte a longtemps servi d'étable à la maison troglodytique qui était une petite ferme. Elle est utilisée aujourd'hui pour l'accueil des visiteurs. Ces lieux ont aussi porté les noms de "grotte à Mentoune" ou "grotte du Tounialou". Les Combarelles est le nom du lieu-dit enregistré par le cadastre.

La grotte de Combarelles I s'ouvre à gauche du porche, Combarelles II se situe à droite. Celle-ci renferme une trentaine de figures dont une exceptionnelle antilope saïga et un bison vu de face, mais les parois de cette galerie sont très fragiles et les figures en mauvais état de conservation. Seule Combarelles I est accessible au public.

La grotte Rey s'ouvre à droite du vallon des Combarelles, 40 mètres avant le grand porche. En 1894, Emile Rivière y découvrit des "foyers magdaléniens qui renfermaient en particulier une industrie de l'os, des dents de ruminants, et des coquilles marines ainsi que deux pendeloques en os et en talc, toutes pièces qui ont été percées d'un trou de suspension".

Il y a aussi mis au jour des restes humains dont nous sont parvenus une calotte cranienne incomplète et un fragment de mandibule d'une femme. S'agissait-il d'une grotte sépulcrale?

Mammouth et bison tête de face
Combarelles II
(d'après D. et E. Peyrony 1936)

Antilope saïga Combarelles II

La découverte

A la fin du siècle dernier, le Périgord et la région des Eyzies en particulier ont été le lieu privilégié des fouilleurs à la recherche de l'homme "antédiluvien". C'est en 1868 que furent découverts les restes de l'homme de Cro-Magnon à l'occasion de travaux de construction de la voie ferrée. C'est dans ce contexte que furent menées des fouilles très importantes sous le porche des Combarelles entre 1892 et 1894 par Emile Rivière. Il y a rencontré des niveaux archéologiques abondants que l'on situe aujourd'hui dans le magdalénien, avec toute l'imprécision stratigraphique due aux conditions archaïques des fouilles. C'est aussi en ces temps anciens que l'on découvrit fortuitement les peintures d'Altamira en 1879, et en Périgord les gravures de la Mouthe en 1895, sans que l'on puisse attester de leur authenticité préhistorique. Dans ce climat de découvertes entretenu par Denis Peyrony, alors instituteur aux Eyzies et passionné de préhistoire, les gens du pays se sont mis à explorer leurs cavernes en cherchant sur les parois des figures préhistoriques.

Le 8 Septembre 1901, l'abbé Breuil, le docteur Capitan son maître, et D. Peyrony sont venus aux Combarelles pour voir des figures semblables à celles de la Mouthe, qu'avait découvertes Jean Pommarel, le gendre de François Berniche propriétaire des lieux. Aux dires de l'abbé Breuil, cette découverte promettait de faire "un énorme pétard dans le monde préhistorique".

Tête de cheval n° 72

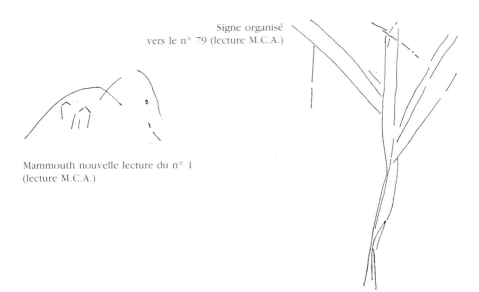

Signe organisé
vers le n° 79 (lecture M.C.A.)

Mammouth nouvelle lecture du n° 1
(lecture M.C.A.)

Petit cheval n° 71

Le réseau

Cette grotte est un long couloir d'environ trois cent mètres. Elle est le lit d'une ancienne rivière souterraine qui a creusé son passage dans un calcaire coniacien du crétacé supérieur.

Un étage inférieur est encore actif el la présence de cette eau souterraine toute proche entretient la température autour de II,5° constant,et 99% d'hygrométrie. Lorsque les hommes de Cro-Magnon ont fréquenté ce couloir, ils ont dû passer à quatre pattes et parfois même ramper. Le sol était recouvert d'un plancher stalagmitique. Les visiteurs du début du siècle sont passés eux aussi dans ces conditions difficiles.

L'exploitation touristique a exigé de très importants travaux d'abaissement du sol, d'au moins un mètre sur toute la longueur du couloir.

Malgré tout, les passages restent très étroits, 80 cm en moyenne.

Etant donné le petit volume des Combarelles et surtout l'étroitesse des lieux, il est difficile d'imaginer que les hommes de Cro-Magnon aient pu s'y rassembler.

Pour les mêmes raisons, il est matériellement impossible de recevoir de grands groupes. Les visites se font actuellement par groupes de six personnes.

Tête du renne n° 16 (relevé H. Breuil)

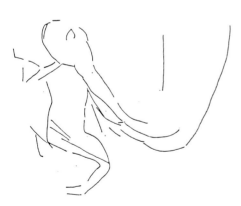

L'homme-mammouth n° 4 (relevé M.C.A.)

Figure féminine près du n°11 (lecture M.C.A.)

Tête humaine vue de face n° 76 (relevé M.C.A.)

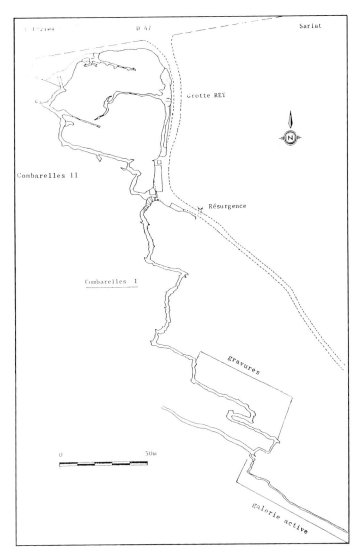

Topographie de l'ensemble du réseau situé dans le massif des Combarelles
(d'après N. Aujoulat Spéléo-Dordogne n° 73, 1979)

L'habitat

Figure humaine féminine
au dessus du n° 67
(lecture M.C.A.)

On savait depuis 1894 que l'homme de Cro-magnon avait vécu sous le porche des Combarelles et dans les vingt premiers mètres de Combarelles II, le couloir de droite. En 1973, à l'occasion d'aménagements, des lambeaux de niveaux archéologiques en place ont été fouillés. Ils ont permis une détermination de la faune très bien conservée où le renne est dominant ; mais on y trouve aussi des restes de poissons, d'oiseaux, de lièvre des neiges... Des datations au C 14 ont été effectuées en 1984 :
Niveau inférieur 13680 ± 210 BP*
Niveau supérieur 11380 ± 210 BP

Ces arguments confirment une fréquentation de l'habitat entre le magdalénien IV et le magdalénien VI, ce qui n'exclut pas une habitation ultérieure puisque des fragments de poterie ont été trouvés. Mais il n'était pas dans les habitudes anciennes de fouiller les niveaux à poterie en Périgord.

Figures humaines féminines et vulve n° 67

Mammouth n° 62 (relevé H. Breuil)

Mammouth n° 26 (relevé H. Breuil)

Mammouth n° 26

Pourquoi des gravures?

D'ordinaire les visiteurs voient des grottes peintes. Les grottes gravées ouvertes au public sont plus rares. Les causes sont naturelles. Aux Combarelles, les hommes de Cro-magnon ont connu des parois argilo-sableuses. Ils y ont peint et gravé. Mais depuis à peu près 10 000 ans, le climat a changé. Ce climat tempéré et plus humide que nous connaissons a succédé à la période glaciaire froide et sèche qui sévissait encore au temps de la fréquentation préhistorique des Combarelles.

Cette humidité nouvelle s'est infiltrée dans les micro-fissures du calcaire et très lentement, est apparue une exsudation de la paroi qui a lessivé les peintures dont il ne nous reste que des vestiges. En revanche, en même temps, cette exsudation a favorisé, au contact de la circulation de l'air, le dépôt d'un voile de calcite qui a complètement fixé les gravures en leur conservant une grande fraîcheur. Cette qualité de la conservation est exceptionnelle et durable puisque la calcite est imperméable et ne permet donc plus à la paroi d'exsuder. Cependant, cette eau prisonnière dans la paroi rend le support très fragile.

Combarelles est donc un cas particulier d'un réseau qui est redevenu actif après sa fréquentation préhistorique, où l'activité des parois a détruit la peinture mais fixé la gravure. Dans les grottes fossiles ouvertes au public, ce sont en général les peintures qui sont bien visibles alors que les gravures y sont très érodées et difficiles à lire.

Par la qualité de sa conservation, Combarelles est l'exemple le mieux choisi, accessible au public, qui permette de comprendre que les hommes de Cro-magnon n'étaient pas des décorateurs de cavernes, mais que toute cette expression, aussi belle soit-elle, peinte ou gravée, est chargée d'un message dont il nous manque vraisemblablement un morceau puisque soit la peinture, soit la gravure ont souffert suivant les conditions de circulation de l'eau.

Mammouth peint et gravé
plus cheval à la corne
n° 88 (relevé H. Breuil)

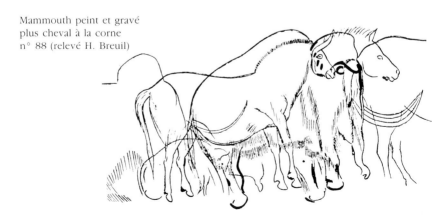

Homme à la barbiche
n° 92 (relevé M.C.A.)

Cerf élaphe n° 114
(relevé H. Breuil)

Cheval peint et gravé cliché infra-rouge du n° 107

Les figures

Combarelles est un sanctuaire profond. La grande concentration de figures commence à 160 m. de l'entrée. A partir de ce moment, il n'y a plus un centimètre de paroi sans un trait jusqu'à l'extrême fin de la grotte. Au début du siècle, l'abbé Breuil avait recensé 291 panneaux dans un relevé systématique des éléments figuratifs. Aujourd'hui on sait identifier à peu près 600 représentations figuratives ou signes.

Nous en découvrons toujours de nouvelles. La très grande majorité de ces figures se situe dans la partie profonde. Des découvertes récentes ont permis de retrouver quelques éléments figuratifs et signes dans la partie en principe non ornée. Ces figures sont éparses, peu soignées, et souvent de lecture difficile. Elles se trouvent dans la zone non éclairée par la lumière du jour. Lors d'une visite de la grotte, il n'est jamais possible de voir toutes les représentations. Malgré tout, on peut constater des particularités : des différences stylistiques, un bestiaire très vaste, beaucoup de signes, un enchevêtrement ininterrompu où les superpositions sont souvent organisées...

Cette grotte renferme des figures mondialement célèbres pour leur qualité esthétique. Ainsi, le cheval de la découverte ne peut être ignoré, pas plus que le mammouth à trompe retournée qui a pendant longtemps illustré nos livres d'histoire, ou la fameuse lionne qui est un modèle de réalisme. Les figures humaines sont une particularité de ce site qui en renferme une cinquantaine : un masque, des petites figures féminines de type géométrique qui sont parmi les figures les plus récentes de la grotte, autour de 12 000 ans avant nos jours, un personnage assis, réaliste, qui avait déjà étonné l'abbé Breuil en 1902 dans son annonce de la découverte des Combarelles...

Animal de mauvaise facture : cervidé et signe tectiforme n° 115 (relevé H. Breuil)

Figures humaines superposées n° 64 (relevé M.C.A.)

Petit cervidé près du n° 55
(lecture M.C.A.)

Tête de lionne n° 52

Superposition 1 boviné, 2 équidé, 3 mammouth (lecture M.C.A.)

Les bisons et les rennes sont présents, comme le célèbre "renne buvant" qui est devenu l'emblème des Combarelles.

Un ours est représenté en mouvement et il est une image de grande valeur pour cette variété animale un peu difficile à identifier d'ordinaire. Il faut citer aussi un âne, un rhinocéros, une biche, un poisson mal donné. Les quarante derniers mètres de la grotte ne sont pas aménagés, ils sont réservés à la recherche et à la conservation. On peut y lire de nombreux chevaux, mais aussi un loup, un renard possible et des signes tectiformes typiques de la région.

L'animal le plus représenté ici est le cheval, puis viennent les bisons. Les figures humaines occupent la troisième position numérique ce qui constitue une exception dans l'art préhistorique. On remarque fréquemment une association des figures humaines et des chevaux dans cette grotte. Mais l'expression la plus spectaculaire est donnée par les signes, surabondants, confus, et en complète association avec les figures animales.

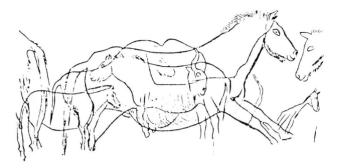

Figure féminine
sur le n° 32
(lecture M.C.A.)

Exemple de superposition n° 109 et 110 (relevé H. Breuil)

3 chevaux, un bison, un animal non identifié à droite

Tête d'âne n° 54

Chronologie

Pour dater les figures pariétales nous ne possédons pas de technique physico-chimique. Nous procédons par comparaison stylistique suivant une échelle de valeur qui a été établie à partir de figures découvertes sur des blocs dans des niveaux archéologiques datés.

L'échelle que nous utilisons en ce moment a été mise au point en 1965 par le Pr. A. Leroi-Gourhan. Depuis, nous avons précisé ou affiné ces données sans pour l'instant les bouleverser.

Le contexte archéologique donne aussi de précieux renseignements.

Il arrive que des figures aient été recouvertes par des couches archéologiques, la datation maximale est alors certaine. Mais cette situation exceptionnelle ne s'est pas présentée aux Combarelles.

Nous situons donc les gravures des Combarelles entre le style IV ancien et le style IV récent de A. Leroi-Gourhan, soit précisément la période que l'on a identifiée dans l'habitat entre 14 000 et 12 000 ans avant nos jours.

Rhinocéros et biche superposés n° 52 (sous la lionne)

Signe tectiforme
près du n° 49 (lecture M.C.A.)

Signe tectiforme
près du n° 48 (lecture M.C.A.)

Signe peint en rouge n° 53

21

PERIODE	STYLE	CHEVAUX	FIG. HUM⁰ˢ	SIGNES

Chronologie des périodes et des styles du paléolithique supérieur (d'après A. Leroi-Gourhan 1965) Combarelles se situe dans le style IV ancien et le style IV récent

Signe organisé représenté
plusieurs fois dans les
Combarelles n° 105
(relevé H. Breuil)

Figure féminine
à 70 mètres de la porte.
Première figure
organisée de la grotte
(lecture M.C.A.)

Tête dite anthrophomorphe n° 81

Interprétations: Le travail scientifique

Notre conception de l'homme préhistorique a changé lorsque nous avons eu des informations plus complètes sur sa vie et son milieu. Les méthodes de fouille des habitats, en devenant plus précises, ont permis d'obtenir une autre image de la vie matérielle des hommes de Cro-magnon. Nous sommes passés d'une vision du "bon sauvage" à la conception d'un homme dont l'organisation matérielle et sociale attestait une maturité complètement moderne. Ces données ont eu un écho dans notre interprétation de "l'art pariétal". Au début du siècle, l'abbé Breuil y voyait un art animalier figuratif avec un envoûtement rituel des animaux avant ou après la chasse. Il a fallu attendre 1965 pour que nous considérions ces figures de façon moins naïve. L'étude statistique a fait apparaître une organisation numérique, spatiale, thématique. Elle a permis au Pr. A. Leroi-Gourhan de concevoir une organisation idéale des figures suivant un grand dualisme mâle/femelle, symbolisé par le cheval et le bison qui sont les animaux les plus représentés. Cette construction théorique a eu le mérite de regarder les figures en dehors de toute ethnographie comparée, en recherchant une organisation et donc une construction symbolique où la grotte elle-même doit être traitée comme symbole. Depuis, bien des découvertes nouvelles dans les grottes déjà connues, et bien des grottes nouvellement découvertes ont remis en cause cette interprétation théorique. Combarelles en est un bon exemple. Elle avait été une des trois grottes de référence de A. Leroi-Gourhan en 1965. Depuis, les deux cent figures nouvellement découvertes ont transformé les organisations idéales. Aujourd'hui, nous constatons qu'il n'est plus possible d'utiliser les inventaires de l'abbé Breuil qui sont très incomplets car orientés vers les éléments figuratifs seulement. Nous prétendons à plus d'exhaustivité, en particulier en ce qui concerne les superpositions et les signes qui ont été peu lus.

A l'occasion d'une étude des figurations humaines des Combarelles nous avons nous-même effectué des relevés en essayant de noter le moindre trait, tout en codifiant sur le relevé, le procédé technique de fabrication. L'utilisation du relief a été mon-

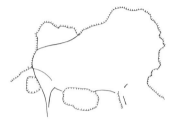

Bison. Un relief a été complété.
Au dessus du n° 45
(lecture M.C.A.)

Mammouth près
du n° 104 (lecture M.C.A.)

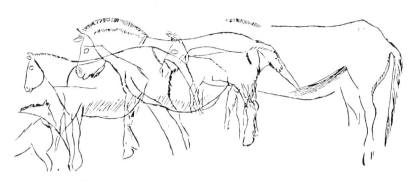

Superposition de chevaux n° 107, 108 (relevé H. Breuil)

Renne dit buvant n° 44

trée en construisant des courbes de niveau de la paroi. Pour ce faire, nous avons utilisé une technique projective afin de ne pas toucher à la paroi. Nous avons imaginé un cadre en aluminium, dans lequel coulisse une feuille de verre. Une lampe flèche lisant et écrivant grâce à un feutre indélébile constituent les instruments de l'étape analytique. Le cadre était déjà repérable en deux dimensions, un carroyage de la vitre et des mesures jusqu'à la paroi ont donné les troisièmes dimensions nécessaires à la construction des courbes de niveau. Nous avons donc obtenu un relevé où les superpositions sont démontables, une appréciation du relief utilisé pour construire les figures, avec, de plus, une possibilité de mesurer la déformation obtenue par le relevé en plan.

Cette méthode très précise n'est pas toujours nécessaire. Il y a autant de méthode de relevés à mettre au point que de lieux à étudier. Pour étudier les peintures, on utilise aujourd'hui la photographie dont les possibilités techniques donnent de bons résultats. Pour les gravures très superficielles du magdalénien, on ne peut pas faire l'économie du temps passé devant la paroi pour effectuer des relevés ou pour corriger des lectures d'après photos.

L'étude scientifique des parois des Combarelles passe donc par un archivage systématique du moindre trait, mais aussi par la définition d'éléments symboliques complexes comme les figurations humaines nombreuses ou les signes, qui font actuellement l'objet d'une étude régionale.

Nous ne sommes plus en mesure aujourd'hui de proposer une interprétation séduisante de "l'art préhistorique". Conscients de toute l'imperfection de notre connaissance des parois, nous recommençons l'étape de la lecture en recherchant plus d'exhaustivité.

Bien que parfois d'une grande valeur esthétique, les figurations sont avant tout l'expression d'une pensée sociale organisée. Pour cette raison, nous sommes tous en ce moment les héritiers du champ théorique qu'a ouvert A. Leroi-Gourhan, même si ses conclusions ne sont plus valides.

Ensemble de bisons,
une biche,
un renne à droite.
Le bison n° 58 est le
4° en partant de la gauche
(relevé H. Breuil)

26

Bison n° 58. Nous avons découvert récemment le bouquetin et le petit signe tectiforme superposés (lecture M.C.A.)

Un poisson a été identifié par H. Breuil n° 63

La Conservation

Tête de loup n° 114
(relevé H. Breuil)

Tête d'ours n° 43
(relevé H. Breuil)

L'ouverture de cette grotte au public est ancienne. La visite a toujours été inconfortable et l'est encore. Malgré tout, Combarelles est un des "géants de la préhistoire" (H. Breuil); elle est donc très visitée. Le souci actuel est de la maintenir ouverte au public sans porter atteinte à la conservation des œuvres.

Nos passages amènent une quantité de chaleur que l'on peut mesurer. Cette chaleur provoque de la condensation sur les parois, qui piège le gaz carbonique de notre respiration. Il se produit alors un précipité blanc pulvérulent du dépot de calcite, qui est la "maladie blanche", à l'origine de la fermeture de la grotte de Lascaux.

Notre passage implique aussi des éclairages qui provoquent en même temps la présence d'algues, lichens et bactéries que nous devons traquer sans cesse avec des solutions biocides.

Si nous maîtrisons assez bien aujourd'hui les pollutions organiques dues à nos passages, il n'en va pas de même des évolutions minérales. Nous ne savons pas intervenir pour le moment sur les dépots de calcite autrement qu'en en évitant la formation. Aussi, la conservation des états de surface dans cette grotte, passe-t-elle par un nombre très limité de visiteurs admis par jour, afin d'obtenir une variation climatique que la grotte puisse naturellement régénérer en une nuit.

Cependant, il n'est pas nécessaire d'envisager la fermeture totale de cette grotte, puisque la conservation des œuvres s'est assurée naturellement, alors que la grotte a toujours été ouverte et que nous n'avons pas modifié sa régulation climatique naturelle.

Nous devrions donc adapter le réchauffement produit à la dimension du réseau et à ses données climatiques.

Conclusion

Les Combarelles sont un des hauts lieux de la préhistoire, tant par la présence de l'homme que par la qualité et la complexité de son expression graphique. Elle est une des rares grottes ouvertes au public où les gravures sont bien conservées en zone profonde.

Toute l'expression graphique n'y est pas encore connue. Des missions scientifiques sont en cours.

Cette grotte appartient à l'Etat, elle est placée sous la tutelle du Ministère de la Culture, elle est ouverte toute l'année. Il est recommandé de choisir plutôt les périodes de faible affluence touristique pour visiter ce lieu difficile d'accès.

Tête d'auroch n° 40 (relevé H. Breuil)

Canidé, peut-être un renard selon H. Breuil n° 87
Les chevaux situés au dessous sont peints et gravés

Ours n° 47 (relevé H. Breuil)

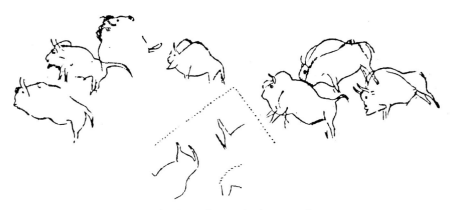

Groupe de bisons situés au plafond n° 96, 97 (relevé H. Breuil)

Deux têtes d'équidés
entrecroisées n° 113
(relevé H. Breuil)

Signe tectiforme
peint en rouge n° 98
(relevé H. Breuil)

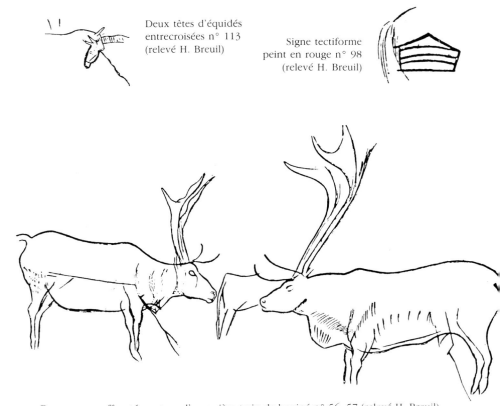

Deux rennes affrontés, autour d'un arrière train de boviné n° 56, 57 (relevé H. Breuil)

Orientations de Lecture

— Breuil, Capitan, Peyrony: Les Combarelles Monaco 1924.

— G. Camps, La préhistoire, à la recherche du paradis perdu
Perrin, Paris 1982.

— Y. Coppens, Le singe l'afrique et l'homme
Pluriel, Fayard 1983.

— B. et G. Delluc, Les chasseurs de la préhistoire
Hachette, Paris 1979.

— H. Delporte, L'image de la femme dans l'art préhistorique
Picard, Paris 1979.

— A. Leroi-Gourhan, Préhistoire de l'art occidental
Mazenod, Paris 1965.

— Arl. Leroi-Gourhan, J. Allain et Al. Lascaux inconnu
XXI° supp. à Gallia Préhistoire CNRS Paris 1979.

— D. Vialou, Guide des grottes ornées ouvertes au public
Masson, Paris 1976.

— D. Vialou, L'art des cavernes. Les sanctuaires de la préhistoire
Le Rocher 1987.

— Collectif, L'art des cavernes, Atlas des grottes ornées paléolithiques françaises.
Imprimerie nationale Paris 1984.

— Collectif, Monuments historiques, Les grottes ornées
Revue de la CNMHS n° 118 Novembre 1981.

Origines des Illustrations

Toutes les illustrations sont repérées d'après l'inventaire et la numérotation de Brueil, Capitan, Peryrony Les Combarelles Monaco 1924.

Photographies Monique et Claude Archambeau 1983.

La figure n° 2 est issue de Font de Gaume M. Sarradet, Fanlac 1968.

Fig. 10, 17, 20,21,25, 31, 38, 40, 45, 47, 48, 49, 50, 51, 53, 54, 55, 56, relevés de l'abbé Breuil issus de Breuil, Capitan, Peyrony 1924.

Fig. 7, 8, 16, 18, 24, 27, 30, 36, 41, 42, 44, 46, figures inédites découvertes et relevées par les autres.

Fig. 12, 26, 37, découvertes et relevés des auteurs publiés précédemment.

Fig. 11, 13, 22, 23, 43, relevés des auteurs effectués à l'occasion d'un doctorat de 3° cycle. Ces figures avaient été relevées par l'abbé Breuil en 1924. La lecture des traits est quelquefois modifiée.

Achevé d'imprimer le 7 avril 1997
sur les presses de ARTEGRAFICA SILVA - PARMA
pour les editions Pierre Fanlac